Bibliografische Information der Deutschen Nationalbibliothek:

Die Deutsche Bibliothek verzeichnet diese Publikation in der Deutschen National-bibliografie; detaillierte bibliografische Daten sind im Internet über http://dnb.d-nb.de/ abrufbar.

Impressum:

Copyright © 2018 GRIN Verlag
Druck und Bindung: Books on Demand GmbH, Norderstedt Germany
ISBN: 9783668943605

Linda Steinborn

Thomas Bernhards "Holzfällen". Realhistorische Figuren im fiktionalen Raum

GRIN Verlag

GRIN - Your knowledge has value

Der GRIN Verlag publiziert seit 1998 wissenschaftliche Arbeiten von Studenten, Hochschullehrern und anderen Akademikern als eBook und gedrucktes Buch. Die Verlagswebsite www.grin.com ist die ideale Plattform zur Veröffentlichung von Hausarbeiten, Abschlussarbeiten, wissenschaftlichen Aufsätzen, Dissertationen und Fachbüchern.

Besuchen Sie uns im Internet:

http://www.grin.com/

http://www.facebook.com/grincom

http://www.twitter.com/grin_com

Humboldt-Universität zu Berlin

Institut für Deutsche Literatur

Modul II: Methodologie und Literaturtheorie

Seminararbeit im Masterseminar:
Regeln der Simulation: Fiktionalitätstheorien
Wintersemester 2015/16

Thomas Bernhards *Holzfällen*
Realhistorische Figuren im fiktionalen Raum

Linda Steinborn
Deutsche Literatur (M.A.)

3. Fachsemester

Inhaltsverzeichnis

1 Einführung

Was die Schriftsteller schreiben
ist ja nichts gegen die Wirklichkeit [...]
die Wirklichkeit ist so schlimm
daß sie nicht beschrieben werden kann
noch kein Schriftsteller hat die Wirklichkeit so beschrieben
wie sie wirklich ist.[1]

Dies wird in Thomas Bernhards letztem Theaterstück *Heldenplatz* von der Figur Professor Robert behauptet und es zeigt, wie Bernhard bis zuletzt mit den Nuancen zwischen Fiktionalität und Wirklichkeit spielte. Viele seiner Werke, die vorgeben autobiografisch zu sein, bewegen sich an der Grenze zur Fiktion.[2] Andererseits haben viele seiner fiktionalen Schriften so viele reale Personen, Orte und Ereignisse zur Vorlage, dass sie von der Öffentlichkeit als Darstellungen der Wirklichkeit wahrgenommen wurden. Auch *Holzfällen. Eine Erregung*[3] wurde als Erzählung aufgefasst, die die wirklichen Ansichten und Erlebnisse des Autors wiedergibt. Bernhard arbeitete bei diesem Roman so sehr im Grenzbereich von Fiktion und Wirklichkeit, dass durch das Buch ein Skandal ausgelöst wurde. Somit ergeben sich durch *Holzfällen* und seine besondere Struktur interessante Forschungsfragen. Ziel dieser Arbeit soll es sein zu beantworten, warum Thomas Bernhard sich in seinem fiktionalen Roman *Holzfällen* bewusst an realen Personen orientiert hat und diese nicht vollkommen unkenntlich gemacht hat.

Um einen Überblick über die Entstehung, Rezeptionsgeschichte und zum Ausmaß des Skandals zu bekommen, war besonders der Kommentar der historisch kritischen Ausgabe von *Holzfällen* von Wendelin Schmidt-Dengler und Martin Huber zielführend.[4] Besonders umfangreich ist die Forschungsliteratur zur Skandalgeschichte. So gibt es nicht nur unzählige Feuilletonartikel zum Thema, sondern auch massenhaft wissenschaftliche Aufsätze zur Rezeptionsgeschichte und zu den Reaktionen, die der Text auslöste. Hervorzuheben ist die Monografie *Dichtung als*

---

[1] Thomas Bernhard: Heldenplatz. Frankfurt a.M.: Suhrkamp 1988, S. 115.
[2] Vgl. Manfred Mittermayer: Thomas Bernhard. Eine Biografie Wien, Salzburg: Residenz Verlag 2015. Erforscht welche „Fakten" in den autobiografischen Schriften Bernhards stimmen und welche verändert o. dazugedichtet wurden.
[3] Thomas Bernhard: Holzfällen. Eine Erregung. Frankfurt a.M.: 2016[16]. Alle folgenden Textzitate beziehen sich auf diese Quelle und werden mit dem Kürzel „HF" markiert.
[4] Thomas Bernhard: Holzfällen. Eine Erregung. Hg. Von Martin Huber, Wendelin Schmidt-Dengler: Thomas Bernhard Werke, Band 7. Suhrkamp 2007.

Skandal (2000) von Oliver Bentz[5], in der er sämtliche Skandale, die Bernhard ausgelöst hat, offenlegt, Österreichs Blick auf Bernhard untersucht und was es bedeutet Texte zu verbieten. In diesem Zusammenhang beschäftigt sich auch Lutz Ellrich in seinem Aufsatz[6] über die Freiheit der Kunst in Bezug zu *Holzfällen* und vertritt gleichzeitig die These, dass Bernhard absichtlich einen Skandal ausgelöst hätte, um die Marktmechanismen für sich auszunutzen. Dagegen gibt es nur sehr wenig Forschungsliteratur, die sich mit dem Text, losgelöst von realen Personen, die vielleicht als Literaturvorlage dienten, beschäftigt. Erst in der neueren Forschung wird *Holzfällen* allmählich auch als literarisches Werk gewürdigt und gedeutet. Beispielsweise interpretieren Kata Gellen und Jakob Norberg in ihrem Aufsatz[7] den Roman und erklären, warum der Text als Satire gelesen werden muss. Claudia Öhlschläger weist in ihrer Arbeit darauf hin, dass der Erzähler des Werks als Voyeur gelesen werden kann.[8] Besonders wichtig für diese Seminararbeit waren die Aufsätze von Ferdinand van Ingen, indem er *Holzfällen* als Roman der Invektive untersucht[9] und Joseph Moser, der Bernhards Dialog mit der Öffentlichkeit durch seine Literatur untersucht.[10]

Um die Forschungsfrage dieser Arbeit zu beantworten, weshalb Bernhard sich in seinen Roman dermaßen stark an realen Personen und Orten orientiert hat und diese kenntlich gelassen hat, ist es wichtig, zuerst ein paar Fakten zum Roman, zu den realen Personen hinter den Figuren sowie zur Entstehungsgeschichte offenzulegen. Daraufhin sollen auf die Medienreaktion und die Ereignisse des Skandals eingegangen werden. Letztendlich soll mit dem erarbeiteten Wissen im vierten Kapitel erforscht werden, was die Motivation Bernhards für die spezielle Gestal-

---

[5] Oliver Bentz: Thomas Bernhard – Dichtung als Skandal. Würzburg: Königshausen & Neumann 2000. (= Epistemata, Reihe Literaturwissenschaft, Band 337).
[6] Lutz Ellrich: Die Tragikkomödie des Skandals. Thomas Bernhards Roman Holzfällen und der Ausbruch des Spiels in der Zeit. In: Franziska Schößler, Ingeborg Villinger (Hg.): Politik und Medien bei Thomas Bernhard. Würzburg: Königshausen & Neumann 2002, S. 148-190.
[7] Kata Gellen, Jakob Norberg: The unconscionable critic: Thomas Bernhard's Holzfällen. In: Modern Austrian Literature, Vol. 44, No. 1-2/2011, S. 57-75.
[8] Claudia Öhlschläger: „In den Wald gehen, tief in den Wald hinein": Autoerotische Phantasmen männlicher Autorschaft in Thomas Bernhards Holzfällen. Eine Erregung. In: Annette Keck, Dietmar Schmidt (Hg.): Auto(r)erotik. Gegenstandslose Liebe als literarisches Projekt. Berlin: Schmidt 1994, S. 119-131. (= Geschlechterdifferenz und Literatur, Band 2).
[9] Ferdinand van Ingen: Thomas Bernhards Holzfällen oder die Kunst der Invektive. In: Erlrud Ibsch, Ferdinand van Ingen (Hg.): Literatur und politische Aktualität. Amsterdam, Atlanta: Rodopi 1993, S. 257-282. (= Amsterdamer Beiträge zur neueren Germanistik, Band 36).
[10] Joseph W. Moser: Literaturskandal als Dialog mit der Öffentlichkeit. Der Fall Thomas Bernhard. In: Stefan Neuhaus, Johann Holzner (Hg.): Literatur als Skandal. Fälle – Funktionen – Folgen. Göttingen: Vandenhoeck & Ruprecht 2007, S. 503-512.

tung von *Holzfällen* war. Dazu werden in den Unterkapiteln drei mögliche Gründe mit Hilfe der Forschungsliteratur diskutiert. Am Ende werden die Ergebnisse zusammengefasst. Zunächst sollen ein paar Worte zum Roman folgen.

2 Zu *Holzfällen*

Thomas Bernhards 1984 geschriebener Roman *Holzfällen. Eine Erregung* beschreibt ein künstlerisches Abendessen in Wien, an dem der autodiegetische Erzähler teilnimmt und die anwesende Gesellschaft auf etwa 320 Seiten beobachtet, innerlich kommentiert und letztendlich kritisiert und verabscheut. Der Text ist stark autobiografisch geprägt, aber trotzdem ein eindeutig fiktionaler Roman.[11] Jedoch haben die Tatsachen, dass der Ich-Erzähler deutliche Parallelen mit dem Autor Thomas Bernhard aufweist und dass sich reale Personen in den Figuren des Buchs wiedererkannt zu haben glaubten, zum Skandal geführt. Bernhard wurde wegen Ehrenbeleidigung angeklagt, das Buch beschlagnahmt und es kam zum Gerichtsprozess.

Um im nächsten Kapitel auf den Skandal eingehen zu können, muss im Folgenden der Inhalt des Buchs zusammengefasst und erläutert werden, welche Personen sich aus welchen Gründen wiedererkannt haben. Dabei soll außerdem das wichtige Motiv der Beobachtung analysiert werden, weil dieses für das Romankonzept und seinen Bezug zur Wirklichkeit von Bedeutung ist.

2.1 Der Voyeur im Ohrensessel – eine Inhaltsangabe

Wie für Thomas Bernhard typisch, enthält das Buch viele graphische Hervorhebungen, Übertreibungen, Superlative, Modalwörter (tatsächlich, absolut, naturgemäß), Variationen (niederträchtig, gemein, unbotmäßig, verlogen, infam) und Verfremdungen. Außerdem wirkt der Text gehetzt, hat keine Absätze und Pausen und besteht aus einen nicht endenden Redestrom mit konsequenten Wort- und Satzwiederholungen. Das Erzähltempo wird im Laufe des Romans immer

---

[11] Darzulegen, warum es sich eindeutig um Fiktion handelt, würde den Umfang dieser Arbeit überschreiten, aber es sind alle Kriterien, die ein fiktionales Werk ausmachen erfüllt. Nachzulesen z.B. in Gottfried Gabriel: Fiktion und Wahrheit. Eine semantische Theorie der Literatur. Stuttgart: Friedrich Fromann Verlag 1975. (= Problemata, 51).

schneller. Das erinnert an den, mehrmals im Text angesprochenen, Bolero, da ein Bolero ebenso einen immer gleichen, sich steigernden Rhythmus hat.[12] Der namenlose Erzähler von *Holzfällen* nimmt also an einem künstlerischen Abendessen im Hause der Auersberger teil. Alle Gäste warten im ersten Teil des Buchs auf das Eintreffen eines Burgtheater-Schauspielers, der an dem Abend von einer Vorstellung von Henrik Ibsens *Wildente* kommen soll. Für den Großteil des Werks sitzt der Erzähler in einem Ohrensessel und beobachtet die Gäste, ohne selbst gesehen werden zu können. Dieser Ohrensessel fungiert im ersten Teil des Romans als das Zentrum seiner Beobachtertätigkeit und erinnert an einen Platz im Theater.[13] Wie das Publikum ein Theaterstück kritisiert, so ist der Erzähler in *Holzfällen* ein Kritiker der Menschen. Der Ohrensessel, im Halbdunkel und abgeschirmt von drei Seiten, wird ein Werkzeug zum Voyeurismus. Hierbei kann die These aufgestellt werden, dass Bernhard mit der Fiktionalität spielt und absichtlich über ihre Grenze tritt, indem er sich und die Erzählerfigur des Romans zumindest teilweise parallel setzt. Der Autor Thomas Bernhard würde sich also selbstironisch als Voyeur der Personen aus seinem vergangenen österreichischen Kulturleben darstellen, die verschlüsselt darin vorkommen. Dass diese satirische Verfahrensweise nicht zu leugnen ist, behauptet ein Großteil der Forschungsliteratur. So ist beispielsweise Klaus Wagner der Meinung, dass Bernhard autobiografische Markierungen machte, als eine Art:

> Rekapitulation zur Genesis, Geltung und Gegenwärtigkeit jenes künstlerischen Feldes in den fünfziger Jahren Österreichs, das Bernhard wie sein autodiegetischer Erzähler, der sich als Schriftsteller deklariert, damals mit großen Erwartungen betreten hat.[14]

Interessant sind in diesem Zusammenhang die Selbstbezichtigungen des Ich-Erzählers aus *Holzfällen*:

> Sie sahen: ich bin ihr Beobachter, der widerwärtige Mensch, der es sich im Ohrensessel bequem gemacht hat und im Schutze des Vorzimmers sein ekelhaftes Spiel treibt, die auersbergischen Gäste mehr oder weniger *auseinanderzunehmen*, wie gesagt wird. Das hatten sie mir immer verübelt, daß ich sie immer auseinander genommen habe bei jeder Gelegenheit, tatsächlich skrupellos, aber ich hatte immer einen Milderungsgrund; ich nahm mich selber noch viel mehr auseinander, verschonte mich nie, zerlegte mich selbst bei jeder Gelegenheit *in alle Bestandteile*, wie sie sagen würden, sagte ich mir auf dem Ohren-

---

[12] Vgl. Wolfgang Hackl: Unterhaltung und Provokation. Thomas Bernhard als Satiriker des österreichischen Kulturbetriebs: Holzfällen. Eine Erregung. In: Werner Biechele (Hg.): Germanistisches Jahrbuch DDR-Ungarn 9/1990, S. 138.

[13] Vgl. für Rest des Abschnitts Öhlschläger: männliche Autorschaft, S. 121.

[14] Karl Wagner: *Holzfällen* als Selbstmontage. Eine Lektüre nach den Skandalen. In: Mireille Tabah, Manfred Mittermayer (Hg.): Thomas Bernhard. Persiflage und Subversion. Würzburg: Königshausen & Neumann 2013, S. 108.

sessel, mit derselben Ungeniertheit, mit derselben Gemeinheit, mit derselben rücksichts-
losen Vorgehensweise. Dann ist von mir selbst immer noch viel weniger übrig geblieben,
als von ihnen, sagte ich mir. (HF, S. 83)

Dem Erzähler ist die Teilnahme am Abendessen peinlich, deshalb sucht er Recht-

fertigungen für diese. Er mag die Menschen des Wiener Kulturbetriebs nicht,

dennoch war er auf sie angewiesen. Deshalb kritisiert er sich genauso wie sie:

„Indem ich die Anderen als widerwärtig empfunden habe, war ich selbstverständ-

lich gezwungen, mich selbst als widerwärtig zu empfinden." (HF, S. 101). Als

Höhepunkt einer Reihe von Selbstbezichtigungen setzt er sich mit den Gästen des

Abendessens gleich:

> Wir sind überhaupt um nichts besser, als diese Leute, die wir andauernd nur als unerträg-
> liche und widerliche Leute empfinden, als abstoßende Menschen, mit welchen wir mög-
> lichst wenig zu tun haben wollen, während wir doch, wenn wir ehrlich sind, andauernd
> mit ihnen zu tun haben und genau so sind wie sie. Wir werfen allen diesen Leuten alles
> Mögliche Unerträgliche und Widerwärtige vor und sind selbst um nichts weniger uner-
> träglich und widerwärtig und sind vielleicht noch viel unerträglicher und widerwärtiger
> als sie, denke ich. (HF, S. 316)

Wird davon ausgegangen, dass Bernhard sich selbst, zumindest in Teilen, mit der

Erzählerfigur identifiziert, kann an diesem und anderen Textbeispielen viel

Selbstironie und eine Art Entschuldigung für den Voyeurismus, den Bernhard

genauso wie der Ich-Erzähler verübt, erkannt werden. Durch Gedankenmonologe,

wie den vorangegangenen Beispielen, erfährt der Leser von der Meinung des Er-

zählers über die Gastgeber und Gäste und seine Vergangenheit mit ihnen. Auch

wenn der Erzähler sich selbst in seiner Rolle tadelt, bleibt er trotzdem ein Kritiker

und be- und verurteilt die Anwesenden. Sein ungebrochener Redefluss und das

Monologisieren erwecken teilweise sogar den Anschein von leichtem Wahnsinn.

Der Leser liest die Selbstgespräche mit und wartet, genau wie alle Anwesenden

im Roman, auf das Ankommen des Burgschauspielers. Dieser erscheint nach zwei

Dritteln des Buches, ohne großen Auftritt, da der Erzähler seine Ankunft verschla-

fen hat. Im letzten Teil von *Holzfällen* beschreibt der Erzähler das Abendessen,

weiterhin mit Gedankeneinschüben, die von der Vergangenheit der Anwesenden

berichten. Auf den letzten Seiten schildert er die Abschiedszeremonien und

flüchtet dann aus der Wohnung und aus der Innenstadt, rennt förmlich vor der

Gesellschaft weg. Wenn er an seinem Schreibtisch zuhause ankommt, endet das

Buch, zu dem Zeitpunkt, an dem der Erzähler gerade die Erlebnisse aufschreibt,

die bis dahin in *Holzfällen* gelesen wurden.

7

2.2 Die vermeintlichen Personen hinter den literarischen Figuren

Für Personen aus Bernhards kulturellem Umfeld und aus dem Kulturleben Österreichs der 1950er Jahre sind die Figuren aus *Holzfällen* verschlüsselt, als fiktionalisierte Personen mit anderen Namen, erkennbar. Tatsächlich biografische Erlebnisse des Autors bilden also die Basis für den Text. Der Roman hat vor allem starke Bezüge zu Bernhards Kulturerleben in Österreich in den 50er Jahren, über das er in den 80ern rückblickend schreibt.

Hintergrund ist Thomas Bernhards Zeit auf dem Tonhof in Maria Saal.[15] Er lebte dort von 1957 bis 1960 beim Ehepaar Gerhard und Maja Lampersberg. Ab Mitte der 50er Jahre stellten Maja und Gerhard Lampersberg als Mäzenaten ihr Haus in Maria Saal vielen Autoren und Musikern der österreichischen Avantgarde zu Verfügung, um unter anderem für längere Zeit dort zu wohnen und zu arbeiten. Vor allem Künstler des Wiener Artclubs hielten sich längere Zeit im Tonhof auf, wie H.C. Artmann, Gerhard Rühm, Konrad Bayer, der Komponist Ernst Kölz, Gerhard Fritsch, Wolfgang Bauer und Christine Lavant.[16] So wurde auch Thomas Bernhard gefördert und gewann einige wichtige Kontakte über die Aufenthalte im Tonhof. Vermutlich halfen die Lampersbergs ihm vor allem in seinen Anfängen als Schriftsteller. Das Verhältnis zu seinen Gastgebern wurde damals als eng beschrieben. Bernhard widmete damals sogar seinen Gedichtband *in hora mortis* (1958) Gerhard Lampersberg und bezeichnete ihn dabei als alleinigen wirklichen Freund. Zu einem Bruch kam es vermutlich im Sommer 1960, während eines Mini-Festivals auf dem Hof, durch die Aufführung von Bernhards für den Tonhof geschriebene Einakter: *Die Erfundene*, *Frühling* und *Rosa*. Bernhard zeigte sich durch eine Rezension von Wolf in der Maur aus der Wochenpresse vom 6.August 1960 höchst irritiert und beantwortete diese sogar mit einem Leserbrief, der enthielt, dass Bernhard seine Stücke erst zur Premiere gesehen hatte und diese wohl sehr wenig mit seinem Text zu tun gehabt hätten. Außerdem soll die Stimmung zwischen Gerhard Lampersberg und Bernhard nie ganz konfliktfrei gewesen sein. Zwei Vorfälle waren nach Zeugenaussagen der Auslöser für das Zerwürfnis: Eine Auseinandersetzung um die Kostenübernahme eines teuren Hotelaufenthaltes

---

[15] Vgl. für ganzen Abschnitt Bentz: Dichtung als Skandal, S. 56f.
[16] Vgl. Bernhard: Holzfällen. Hg. Huber 2007, S. 211f.

Bernhards in Klagenfurt und dass Bernhard nachträglich kritisierte, dass sein Stück falsch aufgeführt wurde. Oliver Bentz kommt zu dem Schluss:

> Es ist daher davon auszugehen, dass er diese Gelegenheit benutzte, sich radikal von seinen einstigen Weggefährten zu trennen. Maja Lampersberg interpretiert Bernhards Handeln als Folge seines Naturells, daß er alles kaputtschlagen mußte, damit er nicht mehr zurückgehen konnte.[17]

Vielleicht hat Bernhard tatsächlich nur auf einen Anlass gewartet, um mit den Lampersbergern zu brechen. Wichtig für diese Arbeit ist jedoch, dass Thomas Bernhard für sein Buch *Holzfällen* reale Personen seiner Vergangenheit literarisch zu Figuren verarbeitet hat. Die realen Personen und ihr literarisches Ego stehen wie folgt miteinander in Verbindung.

Das Ehepaar Lampersberg wird im Roman zu den Auersbergern fiktionalisiert und der Erzähler bezeichnet sie verächtlich als „Landmäzene" (HF, S. 168) und beschreibt immer wieder, wie er sich ihnen früher verkaufen musste (z.b. HF, S. 21). Außerdem beschreibt er, dass einige Schriftsteller vom Auersberger ausgenutzt und missbraucht worden sind und endet mit der Pointe, dass dieser ein „geiler Schriftstellerverschlinger" (HF, S. 269) sei. Besonders hebt Bernhard die künstlerische Stagnation des literarischen Auersberger hervor und damit insgeheim vielleicht auch die des Vorbilds. Er nennt ihn einen Komponisten in „Webern-Nachfolge", wobei Webern schon „kein Genie, nur ein plötzlicher, wenn auch genialer Schwächeanfall der Musikgeschichte gewesen ist" (HF, S. 97). Weiterhin sind im ganzen Buch häufig Bemerkungen über den Auersberger zu finden, wie pervers, niederträchtig, unheilvoll er ist und immer wieder wird hervorgehoben, dass er viel trinkt. Das sind Motive, die oft variiert werden:

> Die Scheußlichkeit seiner Beine habe ich die ganze Zeit beobachtet, die in grobgestrickten grauen Trachtenstutzen steckten, seine von nichts als von Perversität rhythmisierten Gang, seinen haarlosen Hinterkopf. Er paßte sehr gut zu seiner total verkommenen Begleiterin. (HF, S. 25)

> Der kleine dickbäuchige Auersberger war natürlich auch an diesem Tag betrunken […], er ist, seit ich ihn kenne, beinahe immer betrunken und es ist ein Wunder, daß der Mensch immer noch lebt […]. Er hatte das gleiche aufgedunsene Gesicht, wie zwanzig Jahre vorher, kaum Falten, das typische Gelatinegraugesicht, blauglasig die Augen wie immer, dachte ich. (HF, S. 116f.)

> Auersberger, daß es überhaupt ein Unglück sei, geboren zu sein, *aber als ein solcher Mensch, wie der Herr Auersberger geboren worden zu sein*, sei das größte. (HF, S. 302)

Die österreichischen Schriftstellerinnen Jeannie Ebner und Friederike Mayröcker werden im Buch zu Jeannie Billroth, der „Wiener Virginia Woolf" (HF, S. 57)

---

[17] Bentz: Dichtung als Skandal, S. 58.

und zu Anna Schreker, die immer eine Gertrude Stein- oder Marianne Moore-Kopie bliebe (HF, S. 256) und mit ihrem Lebensgefährten „Staatsanbiederungskunst" (HF, S. 256) gestalte. Außerdem lässt sich der Burgschauspieler eventuell auf den Schauspieler Walther Reyer beziehen.[18] Die Figur Joanna ist auf die Tänzerin Elfriede Slukal (Künstlername Joana Thul) zu beziehen, die sich kurz vor der Entstehung von *Holzfällen*, genau wie ihr fiktionales Abbild im Buch, das Leben nahm.[19]

Karl Wagner stellt in diesem Zusammenhang die Theorie auf, dass in *Holzfällen* Bernhards Vergangenheit auf dem Tonhof verarbeitet wird, in zwei möglichen Weisen:

> Das Verhältnis von damals und jetzt unterliegt in diesem Roman einer radikalisierten Desillusionierungstechnik: Die Avantgarde von einst war entweder keine oder sie wurde von den damaligen Protagonisten verraten.[20]

Wagners Theorie geht sogar so weit, dass er Selbstmörder, wie die Tänzerin Joanna im Roman, als Beglaubiger von Radikalität sieht und alle Überlebenden, die der Erzähler beim Abendessen beobachtet, werden somit als überlebt dargestellt. Selbst wenn dem nicht ganz so wäre, wird deutlich, dass keine der Romanfiguren einen positiven Eindruck beim Leser hinterlassen kann.

Viele Leser und Kritiker sind daher davon ausgegangen, dass Bernhard mit dem Beleidigen seiner Figuren auch die realen Vorbilder beleidigen wollte, da diese sich schließlich aufeinander beziehen. Dies wird noch im weiteren Verlauf dieser Arbeit zu untersuchen sein. Nicht unerwähnt sollte aber bleiben, dass die Selbstkritik des Erzählers (und damit evtl. auch von Bernhard selbst) nicht ausbleibt. Die Forschungsliteratur und die Kritiker von damals waren sich einig, dass im Ich-Erzähler eine fiktionalisierte Variante von Thomas Bernhard selbst zu erkennen sei.[21] Dieser sitzt also bei Personen aus seinem früheren Kulturleben und rechnet mit ihnen ab, wird dazwischen jedoch immer wieder selbstkritisch, weil er zum Beispiel weiß, dass er undankbar gegen seine früheren Wohltäter ist: „Dem Auersberger verdanke ich, daß ich eine Kehrtwendung in die künstlerische Welt gemacht habe." (HF, S. 90)

---

[18] Vgl. Moser: Literaturskandal als Dialog, S. 506.
[19] Vgl. Hackl: Unterhaltung, S. 135.
[20] Wagner: Selbstdemontage, S. 112.
[21] Z.B. Hahn: Undank, S. 98.

An dieser Stelle sollte deutlich geworden sein, dass eindeutig reale Personen aus Thomas Bernhards Vergangenheit fiktionalisiert in *Holzfällen* wiederzufinden sind. Doch um die Frage zu beantworten, warum Bernhard diese Figuren in seiner Erzählung auf genau diese Weise dargestellt und warum er sie nicht völlig unkenntlich gemacht hat, muss auch auf den *Holzfällen*-Skandal und die Gerichtsverhandlungen eingegangen werden. Daher soll im Folgenden die Entstehungsgeschichte des Romans skizziert und aufgezeigt werden, wie der Skandal verlief.

3 Der Skandal

Am 2.3.1984 trifft sich Bernhard mit seinem Verleger Siegfried Unseld und kündigt ihm sein neues Buch an, das er Ende April unter dem Titel *Holzfällen* abliefern möchte.[22] Die Manuskriptübergabe erfolgt am 6. und 7. April bei einem Besuch Unselds in Wien. Die Arbeit an dem Buch geschah in einer Zeit, in der Bernhard anfing sich intensiver mit Wien auseinanderzusetzen und mit sich selbst als jungen unbekannten Autoren in den fünfziger Jahren, was in den Roman einfließt.

Besonders aufschlussreich sind die Reiseberichte, die Siegfried Unseld verfasst, um die Manuskriptübergabe zu dokumentieren. Am 29.02.-2.03.1984 hält er fest, was Bernhard bei der Übergabe zu seinem Roman kommentiert hatte:

> Dieses Manuskript sei übrigens durch und durch autobiographisch. Die Hauptprotagonisten, die Eheleute Auersberger, gäbe es in der Tat (sie hießen Lammersberg [Tipp- oder Hörfehler]) [...] Ja, und dann käme etwas vor, was mir nicht gefallen würde. Ich müsse bedenken, dass das Buch schildere die Zeit vor zwanzig Jahren, also die endfünfziger Jahre. Dort habe er Jeannie Ebner verehrt und auch eine Dichterin, die im Manuskript mit dem Namen ,Juniröcker' auftaucht [später abgewandelt zu Schreker weil noch zu nah an Mairöcker] [...] Im übrigen [sic!] ginge es bei Holzfällen um die Geschichte eines ,künstlerischen' Nachtmahls. Es diene der Entlarvung, die Hohlheit der Gesellschaft, die sich mit prominenten Schauspielernamen schmückt, und die Hohlheit prominenter Schauspieler, die sich durch die Gesellschaft korrumpieren lassen, und die Unmöglichkeit der Burg, die nichts anderes sei als eine Schriftstellervernichtungsanstalt usw. usw.[23]

---

[22] Eine genaue Erläuterung der Ereignisse ist zu finden im Anhang der historisch-kritischen Ausgabe von *Holzfällen*, Hg. v. Martin Huber u.a. 2007. An dieser Stelle soll diese knapp zusammengefasst werden, deshalb bezieht sich das gesamte 3. Kapitel immer wieder auf diese Ausgabe und sämtliche, nicht anders zitierte, Daten sind vergleichend übernommen, aus S. 203-237.

[23] Zitiert nach Bernhard: Holzfällen. Hg. Hubner 2007, S. 205f. Dass Bernhard hier selbst zu Unseld sagte, dass das Manuskript durch und durch autobiografisch sei, ist wahrscheinlich einer der größten Beweise, dass er wirklich seine eigene Vergangenheit fiktionalisiert hat und selbst als Alter-Ego im Buch als Erzähler vorkommt.

Nach der Manuskriptübergabe verschickt Unseld Probeleseexemplare und verfasst einen Ankündigungstext für die Verlags-Programmvorschau, in der er schreibt, dass es einen Ich-Erzähler gibt, „in dem diesmal noch mehr als sonst Fiktion und autobiographische Fakten verschmolzen sind".[24]

Im Mai darauf besucht Unseld Bernhard noch einmal und bespricht mit ihm zum ersten Mal rechtliche Angelegenheiten zu heiklen Textstellen. Unseld ist überrascht, wie sehr Thomas Bernhard dazu bereit ist, Stellen zu ändern, falls sie zu direkt sind. Dazu steht in Unselds Reisebericht vom 9.-11. Mai 1984: „Wenn so eine Stelle, die er ‚im Nachhinein geschrieben habe' bei der ‚vielleicht sein Zorn mit ihm durchgegangen sei', dem Buch schade, sei er bereit zu einer Änderung."[25]

Am 8. August 1984 gehen wenige Exemplare vorab an Journalisten, davon ein Rezensionsexemplar an Hans Haider, den Kulturchef der Tageszeitung *Die Presse*. Dieser glaubt Personen des österreichischen Kulturbetriebs zu erkennen und legt ein Protokoll an. Außerdem setzt er sich mit den Lampersbergs in Verbindung. Diese sind vorerst unschlüssig aber entschließen sich nach der Beratung durch Haider gegen die Veröffentlichung rechtliche Schritte einzuleiten![26] Im Gerichtsprotokoll heißt es:

> Er [Hans Haider] hat schon bald bei der Lektüre merken müßen, daß die dort angeführten Persönlichkeiten, obwohl durch Decknamen scheinbar unkenntlich gemacht, ihm aus seiner Tätigkeit als Literaturinteressierter als Literaturkritiker und Literaturwissenschaftler <u>bekannt</u> sind. Und zwar das Ehepaar Gerhard und ‚Maya' Lampersberg, Frau Jeannie Ebner sowie die Trägerin des Österreichischen Staatspreises Friederike Mayröcker und Ernst Jandl. Er stellt dazu, obwohl unberufen, gutachterlich fest: daß diese seine ‚Wiedererkennung' jedem möglich ist, der sich mit dem Werk [...] von Thomas Bernhard im Inland und auch im Ausland beschäftigt hat.[27]

Jedoch war die wichtige Rolle der Lampersbergs, auf ihrem Tonhof für einige Schriftsteller, selbst für die literarisch interessierte Öffentlichkeit, insbesondere in Bezug auf Thomas Bernhard, kaum bekannt. Sie wurde fast allen Lesern und Zeitungslesern erst durch den Skandal bewusst! Eben erst durch die Aufmerksamkeit, die von den Gerichten und der Presse ausgelöst wurde, erkannten sie Personen in den literarischen Figuren, die sie vorher nie erkannt hätten. Bis Ende August 1984 war den meisten Lesern noch nicht klar, auf wen sich manche Figuren beziehen. Eine Woche später veröffentlichen *der Spiegel*, die *Süddeutsche*

---

[24] Bernhard: Holzfällen. Hg. Hubner 2007, S. 208.
[25] Ebd.
[26] Vgl. Bentz: Dichtung als Skandal, S. 61.
[27] Zitiert nach Bernhard: Holzfällen. Hg. Hubner 2007, S. 210.

Zeitung und die Wiener *Wochenpresse* Berichte mit der Überschrift „who is who", die die Figuren aus *Holzfällen* mit den realistischen Personen identifizierten und erst damit wurden allen die Zusammenhänge bewusst.[28]

Der Anwalt der Lampersbergs schrieb an den Suhrkamp Verlag am 20.8.1984 einen Brief (erhalten am 22.8.), in dem er, unter Einbezug des Haider Protokolls, zu erkennen glaubte, dass „Holzfällen gravierende Eingriffe in die Persönlichkeitsrechte seines Mandanten enthalte und fordert […] das Erscheinen bis zur Klärung der Angelegenheit zu verschieben."[29] Jedoch erklärt Siegfried Unseld, dass der Brief nicht mehr beachtet werden konnte, da die Auslieferung des Romans an die Buchläden schon vor Erhalt des Briefes erfolgt sei. Am 21.8. legt Gerhard Lampersberg beim Landgericht für Zivilrechtsachen Klage gegen Dr. Gottfried Berger ein, den Inhaber der Firma Mohr, die den Alleinvertrieb für Suhrkamp in Österreich innehat. Der Kläger beantragt darin unter Beilegung des Rezensionsexemplars und des Haider- ‚Gutachtens' die Erlassung einer einstweiligen Verfügung, also die Unterlassung der Auslieferung des Romans *Holzfällen* bis zur Erledigung des Rechtsstreits. Unseld bittet Berger trotzdem auszuliefern und sichert ihm zu, dass der Verlag ihn hinsichtlich aller Kosten schad- und klaglos halte.

Am 24.8. wird Hans Haider vor Gericht geladen und daraufhin am Montag, dem 27.8. eine einstweilige Verfügung gegen Berger erlassen, in der verboten wird *Holzfällen* „zu verbreiten, zu veröffentlichen und auszuliefern."[30] Diese ist vorläufig befristet auf den 31.12. jedoch will man die Persönlichkeitsrechte der Lampersberger schützen. „Wegen der Dringlichkeit der Entscheidung sei das Einlangen der Äußerung des Antraggegners nicht abgewartet worden."[31]

Im Strafantrag werden Satzfragmente aus *Holzfällen* zitiert, die Haider mit deutlichen Abweichungen vom Originaltext angeführt hatte oder aus dem Kontext gerissen sind, teilweise beziehen sie sich nicht einmal auf Auersberger.[32] Bernhard hätte sich aber dadurch der üblen Nachrede und Beleidigung schuldig gemacht und aufgrund der Gefahr für das Ansehen der Lampersberger wird die Beschlagnahme von *Holzfällen* noch vor dem Prozess beantragt. Die Gerichtsbeschlussbe-

---

[28] Vgl. Moser: Literaturskandal als Dialog, S. 507.
[29] Ebd., S. 219.
[30] Bernhard: Holzfällen. Hg.Huber 2007, S. 221.
[31] Ebd.
[32] Vgl. für Rest des Abschnitts ebd., S. 222.

gründung lautet: „da diesen schweren Beeinträchtigungen der Ehre des Gerhard Lampersberg, bloß wirtschaftliche Interessen Thomas Bernhards und des Verlages gegenüberstanden."[33] Am 29.8. wird dem Strafantrag stattgegeben und den Polizeidienststellen übermittelt. Die Polizeiaktion ist jedoch nur teilweise erfolgreich, da zumindest offiziell kein *Holzfällen*-Exemplar mehr bei Suhrkamp vorhanden ist, da sie am Freitag zuvor in Wien und in die Bundesländer ausgeliefert wurden. Die Polizei muss darauf in die einzelnen Buchhandlungen gehen und *Holzfällen* dort beschlagnahmen.

Unseld nimmt beim ORF Stellungnahme zur *Holzfällen*-Beschlagnahme. Im Reisebericht vom 29.30. August hält er seine Argumentation fest:

> Auersberg ist nicht Lampersberg, die Figuren von Thomas Bernhard sind eigene Emanationen, die schöpferische Art von Thomas Bernhard ist mehr Finden als Erfinden, er arbeitet mit authentischem Material und das ist legitim. Warum er Konflikte und Feindseligkeiten hervorruft [...]: vorherrschend ist eine Rücksichtslosigkeit der beobachtenden Erkenntnis und eine große kritische Prägnanz des Ausdrucks. Er [...] gibt [...] im Schreiben sich selbst ganz preis, er macht keine Zugeständnisse, die wir normalerweise im Leben alle machen [...].[34]

Unseld beruft sich immer wieder darauf, dass Bernhard nicht Lampersberg im Buch beschreibt, sondern eine Figur: „Das literarische Abbild ist Kraft der Sprache mit einem möglichen Urbild nicht identisch."[35] Das Verbot geht zwar in Österreich aber nicht in Deutschland durch, was dazu führt, dass die Buchhandlungen in Grenznähe zu Österreich gestürmt werden.[36] Außerdem ist *Holzfällen* in österreichischen Bibliotheken auszuleihen und der Verlag schaltet Anzeigen für das Buch in Zeitungen, durch die man den Roman direkt beim Verlag bestellen kann, so kommt es, dass trotz der Beschlagnahme recht viele Leser in den Genuss von *Holzfällen* kommen. Das Gericht behandelt mittlerweile besonders den Fall zwischen Lampersberg und Bernhard mit seinem Verlag hinter sich. Zwischen Lampersberg und Dr. Berger einigen sich beide Seiten schnell zu einem Vergleich und das Verfahren wird nicht mehr fortgesetzt.

Bernhard äußert sich gegenüber Unseld in einem Brief vom 12.9.1984 zur Lage folgendermaßen:

> Lieber Doktor Unseld,
> die Beschlagnahme meines *Holzfällen* durch den österreichischen Staatsapparat, kann ich nur als Ungeheuerlichkeit bezeichnen, die tatsächlich in der Nachkriegsgeschichte dieses Landes beispiellos ist und mir grössten Schaden zufügt.

---

[33] Zitiert nach Moser: Literaturskandal als Dialog, S. 506.
[34] Zitiert nach Ebd., S. 224.
[35] Zitiert nach Ebd., S. 226, Unselds Stellungnahme an den österreichischen Buchhandel.
[36] Vgl. für ganzen Abschnitt ebd., S. 227.

Bis heute habe ich über alle mit dieser Beschlagnahme in Zusammenhang stehenden gerichtlichen Vorgänge und Verfügungen lediglich aus den Zeitungen und aus dem Rundfunk erfahren, nicht ein einziges Wort von seiten [sic!] eines österreichischen Gerichts. […] Zu einer möglichen Klage des Herrn Lampersberg muss ich in aller Deutlichkeit und mit Entschiedenheit sagen, dass das Ehepaar Auersberger im meinem *Holzfällen* mit dem Ehepaar Lampersberg […] überhaupt und also in gar keinem Fall identisch ist. Mein Buch ist ein Kunstwerk, wenn Sie so wollen […]. Wie ich selbst mich in Büchern von Dostojewski oder von Tolstoi erkenne, mögen sich Andere in meinen Büchern erkennen, aber das ist und kann nicht Gegenstand einer gerichtlichen Klage sein. Ich bin in meinem Leben oft auf eine solche furchtbare Weise deprimiert gewesen wie in dem Augenblick, in welchem ich mit eigenen Augen habe mitanschauen müssen, wie meine *Holzfällen*-Bücher aus den Auslagen der Wiener Buchhandlungen entfernt wurden. Mit Polizeigewalt entfernt zu werden, ist tatsächlich eine Fürchterlichkeit; […] In diesem Staat kann ich naturgemäß kein Vertrauen mehr setzen. […] *Holzfällen* ist mein Versuch, in meiner Kunst weiter zu kommen, nichts anderes. Die gerichtliche Massnahme und der <u>daraus</u> urplötzlich entstandene Skandal, haben ihm nur geschadet.[37]

Kurz vor Weihnachten 1984 kommt es zu einer Aufhebung der Beschlagnahme von *Holzfällen* im gerichtlichen Aufhebungsbeschluss heißt es:

Das Erstgericht hat sich auf eine Beurteilung des beschlagnahmten Buches als Werk der Literatur gar nicht eingelassen […] Für jeden Leser erkennbar stellt sich das vorliegende Werk als eine Auseinandersetzung des der Kunst absolut sich verpflichtet gebenden Autors mit sich selbst und dem ihn umgebenden ‚künstlerischen Kreis‘ dar, in der er in gleicher Weise sowohl sich selbst als auch seiner Umgebung einen unüblich strengen, ja menschlich geradezu unerreichbaren Maßstab setzt, indem er nur solches Verhalten von negativen Umschreibungen verschont, welches diesen absoluten Anforderungen vollkommen gerecht wird, hingegen mit negativen Kraftausdrücken besetzt, was dahinter, wie es im Leben eben zu geschehen pflegt auch nur ein wenig zurückbleibt.[38]

Trotzdem hat das Gericht inkonsequenter Weise an drei Stellen doch üble Nachrede entdeckt. Letztendlich kommt es zu einer außergerichtlichen Einigung und zu einem Vergleich und am 6.2.1985 zieht Gerhard Lampersberg alle Strafanträge zurück. Bernhard verpflichtet sich alle Kosten zu erstatten, dafür müssen keine Änderungen in *Holzfällen* vorgenommen werden. Bernhards Verlag bezahlt insgesamt 55.000 DM.

Es soll an dieser Stelle nochmals hervorgehoben werden, dass beinahe jeder Leser keine realen Personen hinter den Figuren erkannt hätte. Erst die Klage der Lampersbergs und der darauf folgende Skandal heben genau dazu geführt. Deshalb ist es fraglich, ob Bernhard wie einige Kritiker meinten, einen Literaturskandal geplant hatte, um den Absatz des Buchs zu erhöhen. Dies soll im Folgenden besprochen werden sowie weitere mögliche Gründe, warum er seine Figuren in *Holzfällen* auf diese Art angelegt hat, bevor abschließend zusammengefasst wird.

---

[37] Zitiert nach Moser: Literaturskandal als Dialog, S. 227f.
[38] Zitiert nach ebd., S. 236f.

4 Beweggründe für das Kenntlichlassen der Personen

Bei genauerer Betrachtung sind drei mögliche Gründe am plausibelsten, warum Bernhard sich so nah an realen Personen orientiert hat. Diese werden in den folgenden drei Unterkapiteln besprochen. Zunächst soll analysiert werden, ob er mit Absicht einen Skandal hervorbringen wollte.

4.1 Vermarktungsgründe

Wahrscheinlich ist kein Thema so gut zum Buch *Holzfällen* in der Forschungsliteratur diskutiert worden wie der Skandal hinter der Veröffentlichung. Um den Rahmen dieser Arbeit nicht zu sprengen, soll sich besonders auf die historisch kritische Ausgabe, von 2007, die sich mit einem Großteil dieser Literatur auseinandergesetzt hat, bezogen werden.[39] Diese fasst zusammen, dass die juristischen Vorgänge nicht im Detail bekannt sind, beziehungsweise lassen sich nur einige Informationen aus der Verlagskorrespondenz und den Gerichtsunterlagen ziehen. Vor allem mit den Gerichtsunterlagen lässt sich beweisen, dass Klischees, wie dass Bernhard alles als PR-Masche geplant hatte, nicht der Überprüfung standhalten:

> ein genauerer Blick auf diese Unterlagen ist geeignet, so manches etablierte Klischee zurechtzurücken – z.B. das der angeblich von Bernhard exakt geplanten PR-Masche zur Steigerung seines Buchabsatzes.[40]

Neben der Einsicht in die Gerichtsunterlagen ist aber wohl ein anderer Umstand viel offensichtlicher dafür, dass Bernhard keinen Marketingtrick geplant hatte. Peter Turrini schrieb zwar über den *Holzfällen*-Skandal im Standard vom 11.1.2006: „Bernhard hat die Lampersbergs bis zur Kenntlichkeit vorgeführt, er hat auf sie zugeschrieben…"[41] es sei ein ausgezeichneter Roman, aber ein sehr bedenkliches Produkt. Neben dieser exemplarischen Meinung, dass der Roman mit Absicht das Ehepaar Lampersberg und andere Personen aus Bernhards Umfeld vorführt, gibt es auch noch eine andere Lesart. Zwar waren viele Autoren dieser Meinung, jedoch wird bei genauerer Beschäftigung mit dem Fall klar, dass der ganze Prozess und der Trubel um das Buch erst die beteiligten Personen für

---

[39] Vgl. für gesamten Abschnitt Bernhard: Holzfällen, Hg. Huber 2007, S. 209.
[40] Ebd.
[41] Zitiert nach ebd., S. 218. In dieser historisch kritischen Ausgabe sind die wichtigsten Rezensionen festgehalten.

die Öffentlichkeit sichtbar machte und diese vorher für die Allgemeinheit unbekannt waren.[42] Besonders hätten die durchschnittlichen Leser niemals die Figuren des Buchs als Abbilder realer Personen erkannt. Nur weil der Journalist Haider dachte, Personen des öffentlichen Lebens würden sich mit den Figuren aus *Holzfällen* identifizieren, wurden genau diese Personen erst darauf aufmerksam. Durch den ganzen Prozess wurde überhaupt erst eine riesige Aufmerksamkeitswelle erreicht. Die Öffentlichkeit fand bei weitem immer mehr Interesse an dem Buch, durch die medienwirksame Beschlagnahmung. Eine bessere Werbekampagne hätte der Verlag nicht erfinden können und bis heute ist *Holzfällen* nach Verkaufszahlen Bernhards erfolgreichstes Buch.[43]

Außerdem hat Bernhard sich, wie bereits beschrieben, am Ende der Gerichtsverhandlung auf einen Vergleich eingelassen, weil er vermutlich nie eine Gerichtsverhandlung angestrebt hatte. Besonders aus den angeführten Quellen im vorherigen 3. Kapitel wird deutlich, dass Bernhard in keiner Weise einen Skandal angestrebt hatte. So wird aus Unselds Aufzeichnungen von 1984 deutlich (s. Kapitel 3), dass das Buch zwar autobiografische Elemente enthält, jedoch Bernhard dazu mehr als bereit war besonders zornige Abschnitte zu ändern, um dem Buch nicht zu schaden. Textteile, die zu direkt waren, sollten geändert werden. Deutlicher zeigt sich wohl an keiner Stelle, wie Bernhard darum bemüht war eben keinen Skandal auszulösen. Außerdem schreibt er Unseld in dem privaten Brief vom September 1984 (s. Kapitel 3), dass der gesamte Skandal und die damit zusammenhängende Gerichtsverhandlung dem Buch nur geschadet hätten, seine literarischen Abbilder seien nicht mit Personen identisch. Darüber hinaus hat Bernhard den Namen Juniröcker, weil er zu nah an Mayröcker lag, in Schreker umgewandelt, um die Schriftstellerin weniger erkennbar zu machen. Damit war er, gerade für seine Verhältnisse, viel kompromissbereiter als sonst.

Natürlich ist nicht endgültig festzustellen, ob Bernhard dennoch absichtlich einen Skandal aus Werbegründen herbeiführen wollte. Jedoch ist dies höchst unwahrscheinlich, angesichts der aufgeführten Gründe. Es gibt keine Quellen, die auch nur annähernd belegen, dass er oder der Verleger Unseld einen Skandal für die Öffentlichkeit konzipiert hätten.

---

[42] Vgl. Moser: Literaturskandal als Dialog, S. 504.
[43] Vgl. Bentz: Dichtung als Skandal, S. 63.

4.2 Eine hassvolle Gesellschaftskritik?

Wir empfinden großen Genuß, wenn wir glauben, einem Menschen widerfährt sozusagen Gerechtigkeit, indem ihm seine eigene Niedertracht und seine eigene Schamlosigkeit und seine eigene Stumpfsinnigkeit und Inkompetenz vorgehalten werden. (HF, S. 298)

Diese Haltung hat der Erzähler von *Holzfällen* und es ist eine Überlegung wert, ob Bernhard nicht mit derselben Intention diesen Roman geschrieben hat. Hat er vielleicht deshalb seine Personenvorlagen kenntlich gelassen, weil er sich genüsslich an diesen Menschen aus seiner Vergangenheit rächen wollte? Dafür würde sprechen, dass er mit ihnen im Streit auseinanderging sowie die Härte der Beleidigungen im Roman. Wie im Folgenden gezeigt wird, ist sich auch die Forschungsliteratur recht einig, dass Bernhard, wie eben dargelegt, eben keine öffentliche Rache, keinen Diskurs angestrebt hatte, aber dass sehr viel Satire und Hass gegenüber den Zuständen im österreichischen Kulturbetrieb in *Holzfällen* stecken. Es ist eigentlich ein recht offensichtlicher Grund, besonders für Thomas Bernhard, dass er ein gesellschaftskritisches Werk geschaffen haben könnte: eine Abrechnung mit dem österreichischen Literaturbetrieb und seinen wichtigen Teilhabern aus den 1950er Jahren. Nicht nur Joseph Moser stellt fest, dass bis auf wenige Ausnahmen der Erzähler mit dem Autor identisch und leicht erkennbar für Insider ist.[44] Er nimmt in dem Ohrensessel die Beobachter- und Richterposition der Menschen aus seiner Vergangenheit ein. Es wäre denkbar, dass er mit *Holzfällen* zum einen kritisch die Lage der Literatur in Österreich hinterfragen wollte oder auch, dass er zumindest inoffiziell durch das Buch Rache an den Lampersbergs vollführen wollte. Wie eben dargelegt, wollte er vermutlich keinen Skandal in der Öffentlichkeit, jedoch besteht die Möglichkeit, dass er zumindest persönlich bestimmte Leute provozieren wollte. Vielleicht sollten sich einige wenige Leser, die Lampersbergs eben und andere Personen aus der literarischen Öffentlichkeit selbst erkennen. Das Buch heißt immerhin *eine Erregung* und Bernhard meinte zu Unseld, es sei im Zorn geschrieben worden. Zumindest wäre es typisch für Bernhard, dass er so einen kreativen Weg wählt, um mit früheren Wegbegleitern und ungeliebten Situationen abzurechnen, wenn auch nur für sich im privaten und ohne öffentliche Wirkung. Zumindest verrät eine Tonbandabschrift eines ORF-Interviews von Brigitte Hofer mit Thomas Bernhard

---

[44] Vgl. Moser: Literaturskandal als Dialog, S. 505.

18

vom 29.8.1984 im Hörfunkprogramm ORF I seine Abneigung gegen die Personen, die als Vorlage zu seinen Figuren worden:

> **Bernhard**: Dahinter steckt eine ganze Meute von Schriftstellern, nicht die, die man ja eh kennt. Ich hab praktisch eh alle gegen mich, und die telefonieren sich ja gegenseitig zusammen.
> **Hofer**: Ist das jetzt eine Bestätigung für ihr Buch?
> **Bernhard**: Die sind ja viel scheußlicher als man je schreiben kann, nicht. Das ist so. Ist doch alles ein Mumpitz, nicht.
> **Hofer**: Vielleicht fühlen die sich auch scheußlich in irgendeiner Weise behandelt?
> **Bernhard**: Von wem?
> **Hofer**: Na, von Ihnen natürlich, durch Ihr Buch.
> **Bernhard**: Von mir doch nicht, was heißt denn das? Ich sag doch nur die Wahrheit. Die Leute machen ja lauter Grauslichkeiten und glauben, sie können das Jahrzehnte fortsetzen im Rücken. Nicht, das geht halt nicht. Einmal sagt man halt solche Sachen, nicht. Außerdem, im Buch stehen andere Namen, andere Orte, also juristisch ist das überhaupt nicht greifbar für mein Gefühl, nicht. Aber das ist eine Gerichtssache, nicht, wenn in Österreich sowas verklagt werden kann, sollen sie klagen, nicht. Das kann ich ja nicht verhindern. Außerdem hab ich ja schon Erfahrung in solchen Sachen, und wie ich vor zehn Jahren gesagt habe, „ein Pfarrer hat ein rosiges Bauerngesicht", das war ein Hauptanklagepunkt, das ist in Österreich alles möglich.
> **Hofer**: Ja, aber wenn man zum Beispiel Namen wie die Jeannie…
> **Bernhard**: Schau'n Sie, bei Ihnen steht Jeannie Billroth. Da dürfte überhaupt niemand ein Buch mehr schreiben, weil jeder würde sich irgendwo wiedererkennen. Und das Buch ist halb erfunden und halb wahr, nicht, das ist eine Mischung. Also was soll das, nicht. Im Grund sind die Leut viel grausiger als man sie je beschreiben kann, nicht, das ist meine Meinung.
> **Hofer**: Ärgern Sie sich jetzt?
> **Bernhard**: Ja, was soll ich machen? Ich war immer allein, [so] wird das immer sein und fertig, es gibt nichts zu sagen, wenn man mich anklagt, soll man mich anklagen, ich kann nichts machen, dann erst hab ich irgendwas zu sagen.[45]

An dieser Stelle wird deutlich, dass Bernhard tatsächlich einen Groll und viel Abneigung gegen die Menschen aus dem Kulturbetrieb der 1950er Jahre hatte. „Die sind ja viel scheußlicher als man je schreiben kann" und „Ich sag doch nur die Wahrheit" weisen darauf hin, dass Bernhard mit dem Buch offene Wunden herausschreiben und wahrscheinlich tatsächlich vor allem mit den Lampersbergs abrechnen wollte, wenn auch nicht in der Öffentlichkeit. Gleichzeitig sagt er aber „jeder würde sich irgendwo wiedererkennen" und dass das Buch halb wahr und halb erfunden sei. Natürlich ist *Holzfällen* trotz der Gesellschaftskritik und dem Bezug zu wahren Personen ein fiktionales Werk, das eben Figuren literarisch bearbeitet.[46]

Dass Wut ein Antrieb für Bernhards schreiben war, wird auch durch einen Interviewausschnitt vom Februar 1985 deutlich. Jean-Lous de Rambures interviewte

---

[45] Zitiert nach Bentz: Dichtung als Skandal, S. 63.
[46] Es würde den Umfang der Arbeit sprengen genau zu erklären, warum Holzfällen eindeutig fiktional ist. Erläuterungen zu Fiktionalität finden sich z.B. in Gottfried Gabriel: Fiktion und Wahrheit. Eine semantische Theorie der Literatur. Stuttgart: Friedrich Frommann 1975. (= problemata, Band 51).

Bernhard für die Zeitschrift *Le Monde*. Auf die Frage: „Hoffen Sie, durch ihr Werk dazu beizutragen, die Welt zu ändern?" antwortet Bernhard:

> Um Gottes willen, da würde ich ja zum Schweigen verurteilt. Zorn und Verzweiflung sind meine einzigen Antriebe, und ich habe das Glück, in Österreich den idealen Ort dafür gefunden zu haben.[47]

Wer die Literatur Bernhards kennt, weiß, dass seine Antwort sehr zutreffend ist. In *Holzfällen* finden sich gleich mehrere Stellen, die gesellschaftskritisch und voller Wut auf seine ehemalige Gesellschaft sind:

> Die Marianne Moore und Getrude Stein und die Virginia Woolf von Wien sitzen da, dachte ich, und sind nichts als kleine, gefinkelte, ehrgeizige Staatspfünderinnen, die die Literatur und die Kunst überhaupt verraten haben für ein paar lächerliche Preise und eine zugesicherte Rente und die sich dem Staat und seinem Kulturgesindel gemein gemacht und die sich in der Zwischenzeit ihren epigonalen Kitsch mit der gleichen Infamie zur Gewohnheit gemacht haben, wie das Treppensteigen in den subventionsgebundenen Ministerien. (HF, S. 256)

Ferdinand van Ingen weist darauf hin, dass es bei Bernhard üblich ist vom Einzelnen aufs Allgemeine zu schließen und so über einzelne Figuren Gesellschaftskritik am gesamten österreichischen Kulturbetrieb zu üben.[48] Bernhard zieht also in *Holzfällen* seine literarischen Figuren heran, die von wirklichen Personen inspiriert wurden, diffamiert sie, indem er sie zum Beispiel als „Staatspfünderinnen" bezeichnet, die die Kunst verraten hätten und endet dann mit einer Pointe über den gesamten Kulturbetrieb:

> Alle österreichischen Künstler lassen sich schließlich vom Staat und seinen niederträchtigen politischen Absichten kaufen und verkaufen sich in diesem skrupellosen, gemeinen und niederträchtigen Staat, und die meisten schon gleich von Anfang an. Ihr Künstlertum besteht aus nichts anderem, als aus dem Gemeinmachen mit dem Staat, das ist die Wahrheit. [...] Künstlertum heißt in Österreich für die meisten sich dem Staat, gleich welchem, gefügig zu machen und sich von ihm aushalten zu lassen lebenslänglich. Das österreichische Künstlertum ist ein gemeiner und verlogener Weg des Staatsopportunismus, der mit Stipendien und Preisen gepflastert und mit Orden und Ehrenzeichen tapeziert ist und der in einem Ehrengrab auf dem Zentralfriedhof endet. (HF, S. 259)

Interessant ist in diesem Zusammenhang auch das Eingangszitat zu *Holzfällen* von Voltaire: „Da ich nun einmal nicht imstande war, die Menschen vernünftiger zu machen, war ich lieber fern von ihnen glücklich." (HF, S. 7) Wie im vorangegangenen Interview vertrat Bernhard des Öfteren die Meinung, dass die Menschen nicht durch Literatur zu ändern seien. Und so endet schließlich auch

---

[47] Zitiert nach Erika Tunner: Inwiefern ist und erzeugt Thomas Bernhards Text Holzfällen eine Erregung? In: Johann Georg Lughofer (Hg.): Thomas Bernhard. Gesellschaftliche und politische Bedeutung der Literatur. Wien u.a.: Böhlau 2012, S. 37 (= Literatur und Leben, Band 81).
[48] Vgl. Ingen: Invektive, S. 274.

Holzfällen: der Erzähler flüchtet aus der Gesellschaft und schreibt seinen Zorn über diese nieder. Das ist es auch, was das Buch immer wieder vermittelt: Zorn über den Kulturbetrieb und Abstandnehmen. Jedoch vermittelt Bernhard dadurch automatisch eine deutliche Gesellschaftskritik und dies war wohl ebenso eine Intention des Autors beim Schreiben: Gesellschaftskritik, auch ohne die Aussicht auf große Veränderungen.

Wolfgang Hackl betont die gesellschaftskritische Seite von *Holzfällen,* dabei weist er besonders darauf hin, wie sehr Bernhard mit Karikaturen der Personen aus dem Kunstbetrieb Österreichs der 50er und 60er Jahre beziehungsweise mit Sarkasmus arbeitet:

> Es ist die Zeit, in der die offizielle Kulturpolitik nahezu ungestört auf Traditionen des Ständestaates und des Austrofaschismus zurückgreifen kann (ein Indiz wären z.b. die Staatspreise), es ist die Zeit in der der katholische Otto Müller Verlag in Salzburg das literarische Leben dominiert, in der Avantgarde-Texte in einer offiziösen Literaturzeitschrift einen Skandal auslösen. Bernhard konfrontiert uns hier also sarkastisch überzeichnend mit der Kulturpolitik und dem Kunstbetrieb der 50er und 60er Jahre. Mit einer Zeit, in der Autoren zu Vorbildern hochgejubelt wurden, die heute längst in der Versenkung verschwunden sind oder denen man heute zumindest kritischer gegenübersteht und in der sogenannte junge Talente hauptsächlich über Cliquen und Freundeskreise in die literarische Öffentlichkeit kamen. Daß diese trotzdem zu gefeierten Preisträger wurden, schreibt Bernhard nicht geänderten Rahmenbedingungen zu, sondern der Anpassungsfähigkeit an einen Kulturbetrieb, dem er sich später konsequent verweigert hat. […] Daß aber ein Kritiker, wie eingangs erwähnt, nicht mehr darin sieht und die satirisch-theatralische Seite mißachtet, läßt sich nur aus dem oberflächlichen Starren auf das Spektakuläre und Vordergründige erklären. Nimmt man den Text jedoch mit seinen Verweisen und mit seinen kunstvoll aufgebauten Bedeutungsgeflecht ernst, dann liest sich der Roman als zwar provozierende, aber auch unterhaltsame Auseinandersetzung mit einem wichtigen Bereich der Öffentlichkeit – vorgeführt als ‚geschlossene‘ und daher überschaubare Gesellschaft.[49]

Kata Gellen geht einen Schritt weiter und bezeichnet *Holzfällen* als pure Satire. So schreibe Bernhard satirisch über den österreichischen Kulturbetrieb und Satire würde automatisch in sich tragen, dass sie nicht allein Literatur voller Aggression sei und mit Konventionen spiele, sondern auch immer eine Gesellschaftsfunktion einnehme, wie das Aufzeigen von Moral und im Endeffekt das Ziel hätte, die Gesellschaft zu reformieren.[50] Sie ist der Meinung, dass Bernhard dafür ein modernes Beispiel sei und seine Werke als Kritik an der Gesellschaft angesehen werden müssen. Dafür würde sprechen, dass die Kritik des Erzählers *Holzfällen* dominiert. Am Ende erkennt er (wie im angesprochenen Voltaire-Zitat), dass er diese Gesellschaft nicht ändern wird – er geht lieber, weil er die anderen aufgegeben hat. Gellen geht besonders auf dieses Ende von *Holzfällen* ein, da der

---

[49] Hackl: Unterhaltung, S. 139f.
[50] Vgl. Gellen: critic, S. 57.

21

Text trotz seiner Länge nichts anderes als dieses Aufgeben einer Gesellschaft und das Verlassen dieser beschreibt. Der Erzähler will nicht länger Teil dieser Wiener Gesellschaft, dieser Künstlergesellschaft sein, von der er enttäuscht ist. Das gesamte Buch ist letzendlich aus der Perspektive eines Erzählers geschrieben, der schon gegangen ist. Gellen fasst zusammen:

> *Holzfällen* defines critique, namely as „Distanznahme": it champions the means of critique – relative separation from the life of the community – at the expense of the supposed aim of critique, namely, the eventual reform or change of that community.[…] *Holzfällen* is a lengthly, maniacal statement by a critic who does not intend to return to or intervence in society and hence feels no pressure to persuade its members of his grievances and his cause. […] a novel-length version of the statement , I have given up on you.'[51]

Wenn Gellen der Meinung ist, dass Bernhard ein Gesellschaftssatiriker ist und diese überspitzt darstellt, geht Ferdinand van Ingen davon aus, dass Bernhard als politischer Autor, den Leser teilweise absichtlich verstören will, um Anlass zu „Auseinandersetzungen mit dem Autor wie mit dem Problem der politischen Vergangenheit Österreichs" zu geben.[52] Da Bernhard den Kulturbetrieb Österreichs kritisiert, sucht er sich vielleicht deshalb absichtlich sehr an reale Personen angelehnte Figuren aus diesem heraus. Van Ingens These ist, dass das eigentliche Hauptthema von *Holzfällen* eben jene Kritik am österreichischen Staat und seiner Kulturpolitik ist:

> Die Risiken, die der Text dabei eingeht, ergeben sich aus der Realitätsnähe. Ihr liegt das offensichtliche Bemühen zugrunde, das verschiedentlich durchgespielte Thema diesmal mit den Mitteln des romanhaften Detailrealismus möglichst dicht an die österreichische Wirklichkeit heranzuführen und es durch gehäufte Beglaubigungsmaterialien zu steigern. Thomas Bernhards Bücher haben immer die Nähe der überprüfbaren Wirklichkeit gesucht. Das gilt für Örtlichkeiten, das gilt häufig auch für Personen.[53]

Hier geht van Ingen neben dem Aspekt der Gesellschaftskritik auf einen anderen wichtigen Punkt ein: vielleicht hat Bernhard so eine große Realitätsnähe zu echten Personen belassen, weil der Roman besonders nahe an die Wahrheit kommen sollte, um literarisch wirksamer zu sein. Darauf soll im nächsten Kapitel genauer eingegangen werden.

4.3 Literarische Inspiration und Vergangenheitsbewältigung

Romane sind häufig wirkungsmächtiger, wenn sie nahe an die Wirklichkeit herangeschrieben sind. Wie eben dargelegt, beschreibt van Ingen Bernhards Arbeits-

---

[51] Gellen: critic, S. 68f.
[52] Ingen: Invektive, S. 257.
[53] Ebd., S. 258.

22

weise als einen „romanhaften Detailrealismus". Es könnte sehr inspirierend für Bernhard gewesen sein, seine eigenen Erlebnisse zu verschriftlichen und es bestand vielleicht die Gefahr, dass jede Verfremdung das Werk schwächer gemacht hätte. Sicher gehen Gesellschaftskritik und das Orientieren an realen Vorlagen miteinander einher. Bei Bernhard ist die Inspirationsquelle für sein Schreiben aber eine besonders lebensnahe. Oft sprach er davon, dass er eine Erregung braucht, um überhaupt schreiben zu können. Auch Peter Fabjan, Bernhards Halbbruder und einer der wenigen Personen, die Bernhard nahe standen, bestätigte dies in einem Interview über seinen Bruder für die *Kleine Zeitung* am 8.2.2011:

> Erregung war immer sein Lebenselixier. Auch wenn er für sein Werk massiv angegriffen, bedroht, auch angeklagt wurde. Er hat sich einerseits in die Kunst geflüchtet, aber zum Schreiben hat er die Erregung gebraucht.[54]

Bernhard selbst sprach in einem Interview mit Krista Fleischmann 1984 davon: „Ohne Erregung is' gar nix [...] Erregung bringt das lahme Blut in Gang, pulsiert, macht lebendig und macht dann Bücher."[55]

Auch Erika Tunner hält fest, dass der Untertitel „Eine Erregung" auf politische oder gesellschaftliche Bedeutung oder Nicht-Bedeutung von Literatur hinweisen kann.[56] Diese Erregung, die Bernhard zum Schreiben brauchte, kann sich nach Tunner innerhalb der deutschen Sprache in viele Richtungen entfalten:

> Erregung ist eine Quelle für Neugier, Inspiration und kreatives Schaffen, Erregung kann Ärger, Empörung und Zorn erzeugen oder erotische und sexuelle Wunschvorstellungen hervorrufen, eine reiche Skala, über die Thomas Bernhard virtuos verfügt. Erregung kann sich im Erleben oder in der Niederschrift äußern, oder in einer Mischung von beiden. Erregung ist überdies ein Element des Spielens und Thomas Bernhard war ein genialer Spieler, hatte eine ausgeprägte Tendenz zur spielerischen Verwischung der Grenzen zwischen fiktiver und realer Welt, wobei Spiel keineswegs das Gegenteil von Ernst bedeuten muß, Spiel kann das Allerernsteste sein, es gibt ja die sehr ernsten Scherze, zu denen letztlich die Schreibsucht des Autors gehört.
> [...] Was die eigentliche Erregung des Textes ausmacht, ist das ständige Schwanken zwischen Künstlichkeit und Authentizität, ist die Interferenz von Gesellschaftsablehnung und Gesellschaftsabhängigkeit, ist die Dialektik zwischen der Wahrnehmungsart des Erzählers und seinem ambivalenten kommunikativen Verhältnis zum Leser, ist der unverwechselbare, eigenwillige Bernhard-Ton, kurzum alles, was aus *Holzfällen* ein Kunstwerk macht und es von einem Werk mit ähnlicher Thematik unterscheidet.[57]

Eben dieses genaue Schreiben Bernhards nach realen Vorlagen hat also so einen literarisch starken Text hervorgebracht, weil er eine reale Quelle von Zorn oder Erregung brauchte, um kreativ darüber zu schreiben zu können. Vielleicht war es unbedingt notwendig die Personen kenntlich zu lassen, um überhaupt einen so

---

[54] Zitiert nach Tunner: Inwiefern Erregung, S. 72.
[55] Zitiert nach ebd., S. 69.
[56] Ebd., S. 69.
[57] Ebd., S. 72f.

wirkungsvollen Text schreiben zu können. Ferdinand van Ingen weist darauf hin, dass Bernhards Literatur immer eine gewisse Nähe zu realen Orten oder Personen hat:

> Dahinter läßt sich ein zielbewusstes Verfahren erkennen, das die identifizierbare Realität zum Ausgangspunkt nimmt, um daran (in Bernhards Worten) die *freien Assoziationen und Denk-Erfindungen* des Dichters zu knüpfen. Die besondere Mischung aus Faktizität und Fiktionalität hat zur Folge, daß die Lebenswirklichkeit zwar durchscheint, zugleich jedoch charakteristisch verändert und verfremdet wird. Das Ergebnis weckt Irritationen, denn Bernhard belastet [...] alles Authentische durch Übertreibung, entstellt das Vertraute durch das Groteske, läßt kein Festes ohne ein Ver-Rücktes gelten und beschwört die Grauzone zwischen dem Glaublichen und Unglaublichen oder Wahrscheinlichen und Unwahrscheinlichen.[58]

Außerdem sind die Figuren ja immer noch literarische Verfremdungen der realen Personen und somit Teil der Kunst und des Werks. Das bedeutet nicht, dass es nicht gleichzeitig eine therapeutische Wirkung für den Autor entfalten kann, indem er seine persönlichen Erfahrungen literarisch verarbeitet. Vor allem Gerhard Pail sieht *Holzfällen* als Auseinandersetzung des Autors mit seiner Vergangenheit an. Er ist der Meinung, dass Bernhard seinen Roman brauchte, um sich auch persönlich weiterentwickeln zu können und der „implizierte Therapiecharakter Funktionsbestimmung solcher Literatur [ist], die nicht nur auf Kritik eines sozialen Umfelds zu reduzieren ist."[59]

Auch Kay Link nennt *Holzfällen* zunächst einen postmodernen Roman, da er die traditionelle Unterscheidung von Fiktion und Realität unterläuft und weist darauf hin, dass Bernhard mit dem Buch seine Vergangenheit aufarbeiten wollte. [60] Dazu bezieht sich Link auf das schon erwähnte Interview mit Krista Fleischmann von 1984, indem Fleischmann Bernhard direkt darauf anspricht, ob *Holzfällen* eine Vergangenheitsaufarbeitung darstellt. Er erwidert darauf, dass es ein entscheidendes Stück seines Lebens darstellt und er zwar nichts verändern möchte, aber Eindrücke aufschreiben muss.[61] Das ist vielleicht ein bisschen mild von Bernhard ausgedrückt, wenn die Härte seiner Formulierungen bedacht wird. Schon am Anfang von *Holzfällen* bezeichnet er die Auersberger als seine Lebensvernichter:

> Die Eheleute Auersberger haben deine Existenz, ja dein Leben zerstört, sie haben dich in diesen entsetzlichen Geistes- und Körperzustand Anfang der Fünfzigerjahre hineingetrieben, in deine Existenzkatastrophe, in die äußere Ausweglosigkeit, die dich letztendnes

---

[58] Ingen: Invektive, S. 258f und vgl. für Rest des Abschnitts.
[59] Gerhard Pail: Perspektivität in Thomas Bernhards ,Holzfällen'. In: Modern Austrian Literature, Nr. 3/4 1988, S. 52.
[60] Vgl. Kay Link: Die Welt als Theater. Künstlichkeit und Künstlertum bei Thomas Bernhard. Stuttgart: Hans-Dieter Heinz 2000. (= Stuttgarter Arbeiten zur Germanistik, Nr. 382), S. 123.
[61] Vgl. ebd., S. 233. Das Interview befindet sich in: Thomas Bernhard – Eine Begegnung mit Krista Fleischmann, Wien 1991, S.168.

damals sogar nach Steinhof gebracht hat, und du gehst hin. Hättest du ihnen nicht im ent-
scheidenden Moment den Rücken gekehrt, wärst du von ihnen vernichtet gewesen, dachte
ich. Sie hätten dich zuerst zerstört und dann vernichtet, wenn du ihnen nicht im entschei-
denden und im allerletzten Moment davongelaufen wärst. Wenn ich nur ein paar Tage
länger in ihrem Haus in Maria Zaal geblieben wäre, dachte ich auf dem Ohrensessel, es
hätte meinen sicheren Tod bedeutet. Sie hätten dich ausgequetscht, dachte ich auf dem
Ohrensessel, und weggeworfen. (HF, S. 20)

Vielleicht hatte Bernhard aber ein zumindest ähnliches Gefühl zu den Lampersbergs in den 1950ern wie der Erzähler von *Holzfällen* zu den Auersbergern und
musste sich seine Erregung möglichst unverschlüsselt herunterschreiben. Auch
wenn das niemals sicher beantwortet werden kann, bleibt es ein wahrscheinlicher
Grund dafür, dass Bernhard seine realen Vorlagen nur wenig fiktionalisiert hat,
als eine Art therapeutisch wirkende Niederschrift, sehr lebensnah aus seinen persönlichen Erfahrungen geboren. Oder wie Oliver Bentz es formuliert:

> [Wenn Bernhard in *Holzfällen*] ein rhetorisches Standgericht in Form eines inneren Monolo-
> ges über seine Vergangenheit und seine ehemaligen Weggefährten hält, erweist [dies] sich
> somit als Akt des ‚sich-klar-Werdens‘, der sprichwörtlichen Folge des Holzfällens – als Er-
> hellung der Vergangenheit und deren Bewertung.[62]

5 Fazit

Holzfällen hat mit seinem Erscheinen die bis heute heftigste Debatte um die Freiheit der Kunst und Zensur in Österreich ausgelöst. Vielleicht war dies genau eine
Intention des Romans: der österreichischen Gesellschaft einen Spiegel wegen
ihrer Kulturpolitik entgegenzuhalten. In dieser Seminararbeit wurde, nicht nur in
Bezug auf Gesellschaftskritik, ergründet, warum Thomas Bernhard seine Figuren
im Roman so stark an der Wirklichkeit orientiert hat. Dazu wurde zunächst der
Inhalt zusammengefasst und festgelegt, dass es sich um einen eindeutig
fiktionalen Text handelt. Zwar ist ersichtlich, dass einige Passagen
autobiografisch geprägt sind, jedoch bedeutet diese Prägung nicht, dass der Autor
keinen fiktionalen Text mit literarischen Figuren geschrieben hat, indem die
wahren Ansichten des Autors nicht mehr auszumachen sind. Hilde Spiel fasst
dazu recht treffend zusammen:

> In der Rollenprosa [Bernhards] kann man nicht mehr ausmachen, was die Ansichten des
> Autors zu einem gegebenen Thema sind uns was er zwecks Charakterisierung seinen Per-
> sonen in den Mund legt. Es ist aber nicht nur gleichgültig, ob man eine solche Unter-
> scheidung treffen kann oder nicht, es ist geradezu die Absicht Bernhards, solche Unter-
> scheidungen überflüssig zu machen.[63]

---

[62] Bentz: Dichtung als Skandal, S. 59.
[63] Zitiert nach ebd., S. 68. Hilde Spiel: Kindlers Literaturgeschichte der Gegenwart: Österreich,
(Bd. I), S. 237.

Auch wenn die persönlichen Ansichten Bernhards niemals durch einen Roman ergründet werden können, kann versucht werden zu beantworten, welche Wirkung er sich durch seinen Roman erhofft hatte. Dazu wurde im zweiten Kapitel aufgeschlüsselt, welche realen Personen Bernhard in *Holzfällen* zu literarischen Figuren verarbeitet hat. Dabei wurde ersichtlich, dass keine dieser Figuren im Buch positiv dargestellt wurde, sie sogar häufig heftig beleidigt wurden, und auch der Erzähler, der als Alter Ego des Autors gelesen werden kann, sich selbst bezichtigte. Daraufhin wurde der Skandal um *Holzfällen* beleuchtet und gezeigt, wie ein einzelner Journalist, der Presseredakteur Hans Haider, dafür gesorgt hat, dass Bernhard verklagt wurde, seine Bücher per Polizeigebot aus den Bücherläden entfernt wurden und eine große Menge von Medienberichten dazu geführt haben, dass alle Personen, die Bernhard literarisch zu Figuren verarbeitet hatte für die breite Öffentlichkeit erkennbar wurden. Damit wurde zum Kern der Arbeit übergeleitet und hergeleitet, warum Bernhard sich so stark bei seinen Figuren an der Wirklichkeit orientiert hat.

Beinahe gänzlich konnte eine Marketingstrategie des Autors ausgeschlossen werden. Zum einen wären die Personen hinter den Figuren, ohne den von Haider ausgelösten Skandal, nie von der breiten Öffentlichkeit erkannt worden.[64] Zum anderen ergab sich, dass Bernhard durchaus dazu bereit war Stellen, die dem Buch schaden würden, zu ändern und vor allem rechtlich schwierige Stellen abzumildern. So hat er die Schriftstellerin, die „Juniröcker" heißen sollten (Bezug zu Mayröcker) im Nachhinein zu Schreker umbenannt, um eben keinen Skandal mit seinem Buch auszulösen. Der Skandal entstand eben erst durch die große Medienaufmerksamkeit, dadurch das Haider die Lampersbergs zur Klage überredet hatte. Wenn es zu keinem Prozess gekommen wäre, hätte das Buch niemals so viel Aufmerksamkeit bekommen. Außerdem gibt es keine einzige Quelle, die auf eine Marketingmasche hindeuten würde.

Diese Seminararbeit kommt zu dem Ergebnis, dass Bernhard *Holzfällen* also nicht so realitätsnah angelegt hat, um die Verkaufszahlen zu steigern, sondern dass zwei andere Gründe wohl dafür ausschlaggebend waren. Der erste Grund ist Kritik an der österreichischen Kulturpolitik und ihren Teilhabern, die sich in dieser verkaufen müssen. Es wurde gezeigt, dass der Erzähler aus *Holzfällen* eben jene Teilha-

---

[64] Selbst Siegfried Unseld, dem literarische Personen sehr wohl bekannt waren, schrieb in seinem Reisebericht (Kapitel 3) „Lammersberg", weil auch ihm die Lampersbergs vorher unbekannt waren.

ber und sich selbst genüsslich beobachtet und kritisiert. Dabei finden sich im Roman ein paar extrem wütende Beleidigungen und es kann vermutet werden, dass Bernhard vielleicht doch seinen Hass gegen die echten Lampersbergs in den Roman eingearbeitet hat und sich insgeheim an ihnen rächen wollte. Die Forschungsliteratur weist immer wieder daraufhin, wie ironisch Bernhard arbeitete oder bezeichnet seinen Roman sogar als Satire, weil er vom Einzelnen aufs Allgemeine schließt. Wie gezeigt wurde, erschuf Bernhard durch das realitätsnahe Schreiben einen wirkungsvollen literarischen Text, der viel Gesellschaftskritik in sich trägt, auch wenn er nicht die Absicht auf große Veränderungen der Gesellschaft hatte. Schließlich endet der Roman mit dem Abstandnehmen und dem regelrechten Weglaufen von seinen früheren Mäzenen, so wie Bernhard selbst sich von seinen früheren Helfern abgekehrt hatte.

Es wurde außerdem gezeigt, dass Bernhard Erregung als eine Quelle von Inspiration benutzte und wahrscheinlich sollten sich die Personen seiner Vergangenheit angesprochen fühlen, wenn auch nicht über einen öffentlichen Skandal. Er wählte einen kreativen Weg seine Wut über die kulturpolitischen Umstände herauszuschreiben und einzelnen Personen seine Abneigung mitzuteilen. Damit einher geht auch der zweite Grund, warum Bernhard *Holzfällen* so realitätsnah belassen hat: der des therapeutischen Schreibens. Es ist wahrscheinlich, dass Bernhard seine Vergangenheit mit dem Schreiben des Romans aufgearbeitet hat und dabei relativ authentisch und lebensnah bleiben musste, um einen literarisch starken Text zu erschaffen. Das dies eine Methode von Bernhard war, wurde im letzten Kapitel dieser Arbeit gezeigt und es passt zu den Anstreichungen, die sich Bernhard zu einer Rezension von *Holzfällen* von Marcel Reich Ranicki machte, der in der FAZ unter dem Titel „Die Zärtlichkeit des Zorns" davon schrieb, dass Bernhard wohl seine lebenslange Pflicht der Dankbarkeit gegenüber seinen Wohltätern literarisch verarbeitet hat und den Roman als eine „Studie des Verfolgungswahns" benennt.[65] Für Bernhard war es typisch, dass er Teile von Rezensionen, denen er widersprach durchstrich.[66] Diesen Teil hatte er aber unterstrichen und so stimmte auch Bernhard selbst wohl mit der Meinung über die literarische Aufarbeitung seiner Vergangenheit überein.

---

[65] www.faz.net/aktuell/feuilleton/buecher/fragen-sie-reich-ranicki/fragen-sie-reich-ranicki-die-zaertlichkeit-eines-zorns-17010.html (letzter Aufruf: 12.10.2018).
[66] Vgl. Moser: Literaturskandal als Dialog, S. 508.

6 Literatur

Primärliteratur

Thomas Bernhard: Holzfällen. Eine Erregung. Hg. Von Martin Huber, Wendelin Schmidt-Dengler: Thomas Bernhard Werke, Band 7. Suhrkamp 2007.

Thomas Bernhard: Holzfällen. Eine Erregung. Frankfurt a.M.: 2016[16].

Thomas Bernhard: Heldenplatz. Frankfurt a.M.: Suhrkamp 1988.

Sekundärliteratur

Oliver Bentz: Thomas Bernhard – Dichtung als Skandal. Würzburg: Königshausen & Neumann 2000. (= Epistemata, Reihe Literaturwissenschaft, Band 337).

Christiane Böhler: Literaturskandal – Literaturtransfer. In: Stefan Neuhaus, Johann Holzner (Hg.): Literatur als Skandal. Fälle – Funktionen – Folgen. Göttingen: Vandenhoeck & Ruprecht 2007, S. 513-523.

Sibylle Cramer: Komödie einer alternden Literatur. In: Arbitrium, 1986, Vol. 4(2), S. 210-219.

Lutz Ellrich: Die Tragikkomödie des Skandals. Thomas Bernhards Roman *Holzfällen* und der Ausbruch des Spiels in der Zeit. In: Franziska Schößler, Ingeborg Villinger (Hg.): Politik und Medien bei Thomas Bernhard. Würzburg: Königshausen & Neumann 2002, S. 148-190.

Gottfried Gabriel: Fiktion und Wahrheit. Eine semantische Theorie der Literatur. Stuttgart: Friedrich Frommann 1975. (= problemata, Band 51).

Kata Gellen, Jakob Norberg: The unconscionable critic: Thomas Bernhard's Holzfällen. In: Modern Austrian Literature, Vol. 44, No. 1-2/2011, S. 57-75.

Wolfgang Hackl: Unterhaltung und Provokation. Thomas Bernhard als Satiriker des österreichischen Kulturbetriebs: Holzfällen. Eine Erregung. In: Werner Biechele (Hg.): Germanistisches Jahrbuch DDR-Ungarn 9/1990, S. 132-145.

Marcus Hahn: Undank. Thomas Bernhards *Holzfällen* (1984). In: Natalie Binczek, Remigius Bunia u.a. (Hg.): Dank Sagen. Politik, Semantik und Poetik der Verbindlichkeit. München: Wilhelm Fink 2013, S. 95-99.

Ferdinand van Ingen: Thomas Bernhards Holzfällen oder die Kunst der Invektive. In: Erlrud Ibsch, Ferdinand van Ingen (Hg.): Literatur und politische Aktualität. Amsterdam, Atlanta: Rodopi 1993, S. 257-282. (= Amsterdamer Beiträge zur neueren Germanistik, Band 36).

Kay Link: Die Welt als Theater. Künstlichkeit und Künstlertum bei Thomas Bernhard. Stuttgart: Hans-Dieter Heinz 2000. (= Stuttgarter Arbeiten zur Germanistik, Nr. 382).

Manfred Mittermayer: Thomas Bernhard. Eine Biografie. Wien, Salzburg: Residenz Verlag 2015.

Joseph W. Moser: Literaturskandal als Dialog mit der Öffentlichkeit. Der Fall Thomas Bernhard. In: Stefan Neuhaus, Johann Holzner (Hg.): Literatur als Skandal. Fälle – Funtkionen – Folgen. Göttingen: Vandenhoeck & Ruprecht 2007, S. 503-512.

Alfred J. Noll: „Holzfällen" vor dem Richter. Juristisches zu Bernhards Kunst und Lampersbergs Ehre. In: Wolfram Bayer (Hg.): Kontinent Bernhard. Zur Thomas Bernhard Rezeption un Europa. Wien: 1995, S. 195-210.

Claudia Öhlschläger: „In den Wald gehen, tief in den Wald hinein": Autoerotische Phantasmen männlicher Autorschaft in Thomas Bernhards *Holzfällen. Eine Erregung.* In: Annette Keck, Dietmar Schmidt (Hg.): Auto(r)erotik. Gegenstandslose Liebe als literarisches Projekt. Berlin: Schmidt 1994, S. 119-131. (= Geschlechterdifferenz und Literatur, Band 2).

Gerhard Pail: Perspektivität in Thomas Bernhards ‚Holzfällen'. In: Modern Austrian Literature, Nr. 3/4 1988, S. 51-68.

Erika Tunner: Inwiefern ist und erzeugt Thomas Bernhards Text *Holzfällen* eine Erregung? In: Johann Georg Lughofer (Hg.): Thomas Bernhard. Gesellschaftliche und politische Bedeutung der Literatur. Wien u.a.: Böhlau 2012, S. 69-75. (= Literatur und Leben, Band 81).

Karl Wagner: *Holzfällen* als Selbstdemontage. Eine Lektüre nach den Skandalen. In: Mireille Tabah, Manfred Mittermayer (Hg.): Thomas Bernhard. Persiflage und Subversion. Würzburg: Königshausen & Neumann 2013, S. 107-117.

www.faz.net/aktuell/feuilleton/buecher/fragen-sie-reich-ranicki/fragen-sie-reich-ranicki-die-zaertlichkeit-eines-zorns-17010.html (letzter Aufruf: 12.10.2018).